Sandra Kroll-Gabriel

Morgenkreis in der Grundschule – so geht's!

Anleitungen, Praxistipps & veränderbare farbige Materialien für den perfekten Start in den Schultag

Auer

2. Auflage 2023

Autor*innen: Sandra Kroll-Gabriel
Covergestaltung und -illustration: juleila-design – Julia Niedermeier, München
Illustrationen: Corina Beurenmeister
Satz: Satzpunkt Ursula Ewert GmbH, Bayreuth
Druck und Bindung: SDK Systemdruck Köln GmbH & Co. KG, Köln
ISBN 978-3-403-**08279**-8

www.auer-verlag.de

Inhalt des Buches

Downloadmaterial

Organisatorisches

Phasen des Morgenkreises

Begrüßungsrunde

Organisationsrunde

Themenrunde

Abschlussrunde

Probleme im Morgenkreis

Abschlusskreis

Vorwort

Liebe Kolleginnen und Kollegen,

unser Auftrag als Lehrer* ist es, die Schüler in der Grundschule zu bilden und zu erziehen. Gerade die Erziehung ist in den letzten Jahren in den Vordergrund getreten. Unsere modernen gesellschaftlichen Entwicklungen verlagern die Bereiche der Erziehung aus der Familie in die Institutionen Kindergarten und Schule.

Oft fühlen sich Lehrer mit diesen Anforderungen überfordert, weil die notwendigen zeitlichen Ressourcen im Schulalltag nicht zu finden sind. Zwischen Fördern und Fordern auch noch zu erziehen, erfordert ein effektives Management und ist eine große Herausforderung. Deshalb ist es wichtig, didaktische Orte gut zu nutzen.

Der Morgenkreis ist sehr beliebt bei den Schülern. Sie kennen ihn aus dem vorschulischen Bereich. Und er ist mehr als ein freies „Erzählforum über Erlebtes".

Nutzen Sie den Morgenkreis für unterschiedliche Aktivitäten und ermöglichen Sie den Schülern und sich selbst einen guten und gewinnbringenden Start in den Schultag.

Viel Freude beim Erproben der unterschiedlichen Angebote wünscht Ihnen Sandra Kroll-Gabriel.

---

* Aufgrund der besseren Lesbarkeit ist in diesem Band mit Lehrer auch immer Lehrerin gemeint. Ebenso verhält es sich mit Schüler und Schülerin etc.

Organisatorisches

Der Morgenkreis – ein Ritual in der Grundschule

Unsere Zeit ist schneller und herausfordernder geworden. Umso wichtiger sind Zeiten der Ruhe mit festen Strukturen, in denen man sich sammeln kann. Der Schulalltag verlangt unseren Kindern viel ab. Sie sind nicht nur kognitiv gefordert, sondern müssen sich im Sozialverband der Klasse zurechtfinden. Das kann dem einen oder anderen Schüler schon einmal Schwierigkeiten bereiten. Deshalb brauchen besonders Grundschüler Rituale, die ihnen Sicherheit und Struktur geben. Ein gutes Ankommen ist genauso wichtig, wie ein harmonisches Ende des Schultages. Dazu eignen sich Sammelrituale. Besonders beliebt sind im Grundschulbereich der Morgen- beziehungsweise Abschlusskreis. Dieses Zusammenkommen vermittelt den Schülern Wertschätzung, Geborgenheit und Zugehörigkeit. Dadurch wird ein positives Klassenklima gefördert, das ein entscheidender Baustein für eine gute Lern- und Arbeitsatmosphäre ist.

Warum Morgenkreis?

Das Zusammentreffen im Kreis hat eine lange Tradition. Bereits unsere Vorfahren saßen zusammen im Kreis um das Feuer. Diese Treffen vermitteln Geborgenheit und es entsteht ein Zusammengehörigkeitsgefühl. Angelehnt an die Bildungs- und Erziehungsziele der Grundschule können im Morgenkreis folgende Kompetenzen vermittelt und gefördert werden.

Gemeinschaft macht stark – Steigerung der sozialen Kompetenz

Die Schüler kennen den Morgenkreis bereits aus dem vorschulischen Bereich. Er fördert die soziale Kompetenz. Ein gemeinsamer Start stärkt das **Selbstwertgefühl** und macht die Schüler stark für den Schultag. Die **Solidarität** der Kinder untereinander wird gefördert, indem sie sich ernstgenommen fühlen.

Mitbestimmen und Entscheidungen treffen – Politische Bildung erleben

Die Schüler erfahren ihre **Selbstwirksamkeit** durch ihr **Mitbestimmungsrecht**. Demokratische Strukturen werden erfahrbar gemacht, besonders, wenn gemeinsame Anliegen besprochen werden und ein Konsens durch **Abstimmung** gefunden werden muss. Der Morgenkreis kann für **Organisatorisches** genutzt werden. So wird zum Beispiel der Tagesplan besprochen, Dienste werden verteilt oder ein Tages- oder Wochenziel wird festgelegt. An diesen Dingen können Sie Ihre Schüler beteiligen, Verantwortung abgeben und die Identifikation des Einzelnen mit der **Schule als Lebensraum** stärken.

Zusammen lernen und arbeiten – Werteerziehung erfahren

Toleranz und Respekt sind zentrale Themen in unserer pluralen Gesellschaft. Voraussetzung dafür ist gegenseitige Wertschätzung und Aufgeschlossenheit gegenüber unterschiedlichen Überzeugungen. Die Grundschule muss den Schülern Situationen anbieten, in denen sie sich Verhaltensweisen aneignen. Der Morgenkreis bietet vielfältige Möglichkeiten dazu. Denken Sie daran: Als Lehrer sind Sie immer Vorbild. Ihre Formulierungen werden von den Schülern übernommen und nachgeahmt.

Voneinander lernen – Interkulturelle Bildung

Die Schüler sollen elementare Kenntnisse über andere **Kulturen und Religionen** erwerben. Im Morgenkreis können diese Themen aufgegriffen werden. Die Schüler erfahren, dass Menschen und Kulturen voneinander lernen und sich gegenseitig bereichern.

Miteinander sprechen – Sprache erleben – Förderung des sprachlichen Ausdrucks

Sprache ist der Schlüssel zur Welt. Sie ermöglicht uns **eine kommunikative Teilhabe an der Gemeinschaft**. Das Beherrschen der deutschen Sprache ist Voraussetzung für schulischen Erfolg. Der Morgenkreis ist ein idealer Ort zur **Versprachlichung** von eigenen Gedanken, zur **Begriffsbildung** und zur Festigung des **Sprachhandelns**.

Miteinander leben – Alltagskompetenz und Lebensökonomie begreifen

Dieser Bereich fordert die Auseinandersetzung mit den Themen **Gesundheit, Ernährung, Umwelt und Verbraucherverhalten**. Selbstverständlich sind diese Themen in den Lehrplänen inhaltlich verankert. Trotzdem ist ein punktuelles Thematisieren nicht nachhaltig genug. Die Inhalte sollen bedarfsorientiert mit den Schülern besprochen werden. Der Morgenkreis kann dazu genutzt werden.

Ich werde größer – Familien- und Sexualerziehung vorbereiten

Basis für den seelischen und körperlichen Reifungsprozess von Kindern ist die **Wahrnehmung** eigener und fremder **Gefühlszustände**. Wie geht es mir? Wie geht es den anderen? Dazu gehört auch, dass die Schüler nonverbale Signale der Körpersprache kennen und deuten können.

Ich lerne – Kognitive Förderung

Der Morgenkreis kann außerdem genutzt werden, um auf Lerninhalte mit verschiedenen Fertigkeitsübungen vorzubereiten beziehungsweise zu festigen und zu automatisieren. Vergleichbar mit dem Aufwärmen im Sportunterricht, kann man den Morgenkreis zum **kognitiven Warm-Up** nutzen. Vorstellbar sind zum Beispiel Kopfrechen- oder Blitzleseübungen.

Zur Ruhe kommen – Entspannung und Stressabbau ermöglichen

Auch Grundschüler spüren die Auswirkungen unserer modernen, schnelllebigen und reizüberfluteten Gesellschaft. Zeiten der **Ruhe** und **Entspannung** sind selten geworden und müssen besonders in der Schule wieder geschaffen werden.

Wann Morgenkreis?

Der Morgenkreis sollte wenn möglich zu Beginn des Schultages durchgeführt werden. So erfüllt er das Hauptziel, ein Ankommen in den Schultag. Oft ist dies aufgrund unterrichtsorganisatorischer Aspekte nicht möglich – wenn zum Beispiel in den ersten Unterrichtsstunden Fachunterricht stattfindet und Sie als Klassenleitung erst zur dritten Stunde in die Klasse kommen. Es spricht nichts dagegen, dass Sie den Morgenkreis dann erst zu Beginn Ihres Unterrichts ansetzen.

Grundsätzlich empfiehlt es sich, dass Sie als Klassenleitung den Morgenkreis durchführen, da Sie auf die unterschiedlichen Bedürfnisse der Klasse eingehen können. Als Fachlehrer können Sie selbstverständlich auch mit einem Zusammentreffen im Kreis beginnen. Das Ziel und der Inhalt sollten sich dann jedoch auf Ihren Unterricht beziehen. So kann die Englischstunde zum Beispiel mit einem englischen Begrüßungslied begonnen werden.

Wie oft Morgenkreis?

Ihre Schüler würden den Unterricht bestimmt jeden Tag gerne mit dem Morgenkreis beginnen, da sie den gemeinsamen Beginn sehr wertschätzen. Deshalb sollte jeder Unterrichtstag mit einem gemeinsamen Ritual beginnen. Die Frage „Wie oft?“ ist damit nicht mehr relevant, denn der Morgenkreis sollte ein fester Bestandteil Ihres Unterrichts sein, so oft wie möglich.

Wie lange Morgenkreis?

Die Dauer des Morgenkreises variiert nach der inhaltlichen Gestaltung. Ein Zusammentreffen im Kreis kann sehr kurz für eine gemeinsame Begrüßung genutzt werden oder eine Unterrichtsstunde füllen, wenn zum Beispiel eine Klassenkonferenz durchgeführt wird. Üblich ist es, am Montag einen längeren Morgenkreis durchzuführen. Oft ist es dann so, dass die Schüler nur von eigenen Erlebnissen erzählen und die wertvolle Zeit vielleicht nicht effektiv genutzt wird. Wichtig sind deshalb eine gute Organisation und eine gezielte inhaltliche Auswahl, damit die Unterrichtszeit sinnvoll genutzt wird. Sie sollten dabei bedenken, dass Kinder auch im Kreis unaufmerksam werden, wenn keine Aktivierung stattfindet. So fällt es manchen Erstklässlern bestimmt noch schwer, reihum der Klasse zuzuhören, wenn jedes Kind einen Beitrag erzählt. Bedenken Sie die Konzentrationsspanne je nach Alter der Kinder und gestalten Sie die Phasen entsprechend.

Wer leitet den Morgenkreis?

Im Sinne der Mitbestimmung und Mitgestaltung der Schüler am Unterricht kann ein Morgenkreis (je nach Klassenstufe) auch von einem oder mehreren Schülern geleitet werden und Sie geben die Leitungsfunktion ab. Sie sollten allerdings eingreifen, wenn die Leitenden Unterstützung brauchen.

Welches Signal zeigt den Morgenkreis an?

Der Morgenkreis sollte als fest installiertes Ritual immer mit einem Signal beginnen. Oft ist es so, dass die Schüler noch beschäftigt sind – Wochenplanarbeit, Hausaufgabenabgabe oder Freiarbeitsübungen werden erledigt und plötzlich setzt ein Signal zum Morgenkreis ein. Für viele Schüler ist dies mit großem Stress verbunden. Sie sind noch nicht fertig und werden ermahnt. So beginnt der Tag nicht mit dem eigentlichen Ziel, gemeinsam gut in den Tag zu starten. Besser ist es, einen gleitenden Beginn zu schaffen. Ein Signal, zum Beispiel eine Glocke oder eine Klangschale, gibt an, dass der Morgenkreis bald beginnt. Danach sollte noch eine Aufräumphase stattfinden. Dazu eignet sich gut ein Musikstück. Ist das Musikstück beendet, finden sich alle Schüler im Morgenkreis ein. Dieser gleitende Übergang, der von Signalen begleitet wird, ermöglicht ein entspanntes Ankommen im Morgenkreis. Die Bildkarten *„Mache dich bereit“* M1, *„Räume deinen Platz auf“* M2 und *„Komme in den Morgenkreis“* M3 ermöglichen Ihnen eine Visualisierung der einzelnen Phasen. Die Karten hängen dazu gut sichtbar im Klassenzimmer.

Räumliche Umsetzung

Wichtig ist vor allem, dass die Schüler ausreichend Platz haben. Sollte dies in Ihrem Klassenzimmer nicht der Fall sein, schieben Sie Schülertische zur Seite oder weichen Sie auf einen Nebenraum aus. Es ist für die Schüler sehr unangenehm, wenn sie im Morgenkreis dicht gedrängt sitzen. Unruhe und Konflikte sind dadurch vorprogrammiert. Je nach Ziel des Morgenkreises bieten sich verschiedene Sitzpositionen an. Während Klassenkonferenzen oder Konfliktgespräche besser im Stuhlkreis abgehalten werden, kann eine meditative Übung oder ein Spiel im Sitzkreis durchgeführt werden. Beliebt ist ein großer Teppich, auf dem die ganze Klasse Platz findet. Sollte dieser nicht vorhanden sein, können auch Sitzkissen verwendet werden. Der Kreis hat so eine räumliche Struktur und jedes Kind findet seinen Platz. Hängen Sie die Bildkarte *„Stehkreis"* M4, *„Sitzkreis"* M5 oder *„Stuhlkreis"* M6 als visuellen Impuls an die Tafel und Ihre Schüler wissen, was zu tun ist.

Sitzordnung

Meist ist es so, dass die Sitzordnung im regulären Unterricht möglichst effektiv gestaltet ist (Kinder, die sich nicht so gut verstehen, oder auch Mädchen und Jungen, werden zusammengesetzt). Der Morgenkreis sollte hingegen in freier Sitzordnung stattfinden. Besprechen Sie mit den Schülern die *„Regeln im Morgenkreis"* M7. Sollte sich ein Kind nicht an die Regeln halten, wird die Sitzordnung angepasst.

M7 Regeln im Morgenkreis

1. Wir kommen leise in den Morgenkreis.
2. Wir sind freundlich zueinander.
3. Nur wer den Redegegenstand hat, darf sprechen.
4. Wir hören aufmerksam zu.
5. Jedes Kind soll zu Wort kommen.
6. Wer stört, bekommt eine Achtungskarte.

Wie läuft der Morgenkreis ab?

Der Morgenkreis sollte immer eine feste Struktur haben. Bereits die **Aufräumphase** und das **Ankommen** im Morgenkreis mit Signal gehören dazu. Danach findet eine **Begrüßung** statt.
In der Regel folgt dann eine Phase, in der **Organisatorisches** (Datum, Wetter, Tagesplan etc.) besprochen wird.
Nach der organisatorischen Phase oder gleich nach der Begrüßung folgt eine **inhaltliche Phase**. Die Schüler erzählen, es kann ein Spiel, eine Meditation, ein Lied oder eine vorbereitende Fertigkeitsübung durchgeführt werden. Diese Phase ist offen, während die anderen Phasen einer festen Struktur folgen. Es können auch Gestaltungsideen der Schüler eingeplant werden. Wer eine Idee hat, kann dies beim Lehrer anmelden. Wenn eine Klassenkonferenz in der inhaltlichen Phase stattfindet, sollte ein Protokoll angefertigt werden, damit der Beschluss, das Abstimmungsergebnis oder die festgelegten Ziele fixiert sind und eine Rückschau möglich ist. Das Protokoll wird vom Lehrer geführt. Je nach Klassenstufe kann diese Aufgabe auch von den Schülern übernommen werden.
Der **Abschluss** des Morgenkreises sollte wieder fest strukturiert sein. Es eignet sich eine kurze Runde zum Thema „Wie geht es dir heute?“ oder „Gibt es noch etwas, das du loswerden möchtest, damit du gut arbeiten kannst?“
Sie können die Phasen so tauschen, wie es für Sie und die Klasse am besten passt. Es müssen auch nicht immer alle Phasen durchgeführt werden. Die organisatorische Phase kann beispielsweise auch an das Ende des Morgenkreises geschoben werden, wenn Sie mit einer Entspannungsübung in den Tag starten möchten. Je nach Zeit und Bedarf kann ein Morgenkreis auch nur aus einer Begrüßung und einer kurzen Gefühlsrunde bestehen. Visualisieren Sie Ihren individuellen Ablauf für die Schüler mithilfe der Karten *„Phasen des Morgenkreises“ (M 8).*

Phasen des Morgenkreises

Begrüßungsrunde

Eine gemeinsame Begrüßung (des Lehrers und der Mitschüler) ist für eine Klassengemeinschaft sehr wichtig. Die Schüler erfahren gegenseitige **Wertschätzung** und es entsteht ein WIR-Gefühl. Die Formen der Begrüßung tragen sowohl zur **sozialen Kompetenz**, als auch zur **sprachlichen Bildung** bei. Die Schüler automatisieren höfliche Formulierungen und wenden diese in Alltagssituationen an.

Organisationsrunde

In dieser Phase werden organisatorische Aspekte mit der Klasse besprochen. Welches Datum ist heute? Wie ist das Wetter? Geburtstagskinder können gefeiert und Abläufe besonderer Ereignisse (z. B. Unterrichtsgang) besprochen werden. Außerdem können Sie den Tagesplan durchgehen oder Tages- beziehungsweise Wochenziele festlegen. Die Schüler erweitern ihre **Sozialkompetenz**, indem sie die Gemeinschaft aktiv erleben. Sie erfahren **Mitbestimmung** und **Wertschätzung.**

Themenrunde

Die Themenrunde ist sehr offen in ihrer Gestaltung. Deshalb können hier unterschiedliche Inhalte eingeplant oder von den Schülern aufgenommen werden. In dieser Phase finden Spiele** und Übungen zur sprachlichen Bildung Platz oder es können kreative Aufgaben gelöst werden. Je nach Zeitplanung kann diese Phase länger oder kürzer sein. Die Themenrunde ist auch ein idealer Ort zum Zeigen von mitgebrachten Materialien (z. B. passende Bücher zum aktuellen Sachunterrichtsthema). Auch der traditionelle Erzählkreis nach dem Wochenende oder nach den Ferien findet hier Platz.

Abschlussrunde

In der Abschlussphase sollte das persönliche Befinden der Schüler im Mittelpunkt stehen. Dazu eignen sich Aufgaben und Übungen rund um das Thema Gefühle, die die Schüler in ihrer **Selbstwahrnehmung** aber auch in ihrer **emotionalen Kompetenz** fördern.

** Literaturtipp: Spiele für den Morgenkreis, © Auer Verlag 2016

Guten-Morgen-Gruß

Gleich …

Material/Vorbereitung

Bildkarte *„Stehkreis“* M4 an die Tafel hängen

Geht es …

Zielkompetenzen

Die Schüler …
… erfahren gegenseitige Wertschätzung.
… wenden nonverbale Begrüßungsformen an.

Los!

Beschreibung/Durchführung

Die Schüler stehen eng im Kreis und fassen sich hinter dem Rücken an den Händen. Der Lehrer drückt die Hand des rechtsstehenden Kindes mit dem Startsignal „Guten-Morgen-Gruß abgeschickt“. Das Kind gibt den Gruß weiter, bis er wieder beim Lehrer angekommen ist. Der Lehrer bestätigt den angekommenen Gruß mit „Guten-Morgengruß angekommen“.

Variante 1 Der Gruß wird von einem Schüler geschickt.

Variante 2 Der Lehrer schickt zwei Grüße in verschiedene Richtungen los.

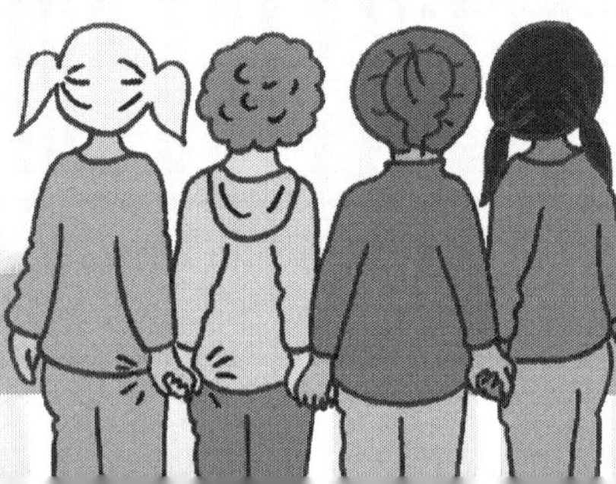

Guten Morgen in aller Welt

Gleich …

Material/Vorbereitung

- Bildkarte *„Stehkreis“* M4 an die Tafel hängen
- *„Begrüßung in verschiedenen Sprachen“* M9 ausdrucken, zur besseren Haltbarkeit eventuell laminieren und ausschneiden

Geht es …

Zielkompetenzen

Die Schüler …
… lernen sich gegenseitig wertzuschätzen.
… lernen verschiedene Sprachen und Kulturen kennen.
… kommunizieren in Alltagssituationen.

Los!

Beschreibung/Durchführung

Die Schüler stehen im Kreis. In der Mitte liegen die Karten, auf denen „Guten Morgen“ in verschiedenen Sprachen steht. Wichtig ist es, dass die verschiedenen Muttersprachen der Schüler im Sinne der interkulturellen Bildung vorkommen. Falls diese nicht vorhanden sind, sollten sie entsprechend ergänzt werden. Die Schüler begrüßen sich nun reihum in verschiedenen Sprachen. Die Bilder regen ein Gespräch über kulturelle Besonderheiten in den verschiedenen Ländern an. Außerdem können noch weitere Redemuster wie „Danke“, „Bitte“ und „Auf Wiedersehen“ in anderen Sprachen gefunden werden.

Begrüßungsrap

Gleich ...

Material/Vorbereitung

- Bildkarte *„Stehkreis"* M4 an die Tafel hängen
- *„Begrüßungsrap"* M10 ausdrucken und ausschneiden

Geht es ...

Zielkompetenzen

Die Schüler ...
... automatisieren ein Redemuster zur Begrüßung.
... aktivieren Körper und Geist für den weiteren Unterrichtsverlauf.

Los!

Beschreibung/Durchführung

Die Schüler stehen im Kreis, sprechen den Begrüßungsrap und führen die Bewegungen aus.

Variante 1 Wir wünschen uns (viermal auf die Oberschenkel klatschen) einen (zweimal klatschen) guten (zweimal schnipsen rechts) Morgen (zweimal schnipsen links).

Variante 2 Wir sagen uns alle freundlich Hallo (winken) und wünschen uns einen (zweimal auf die Oberschenkel klatschen) schönen (zweimal in die Hände klatschen) guten (rechte Hand auf die linke Schulter) Morgen (linke Hand auf die rechte Schulter).

Die Raps können durch weitere Ideen der Schüler ergänzt werden.

Wunschsterne

Gleich …

Material/Vorbereitung

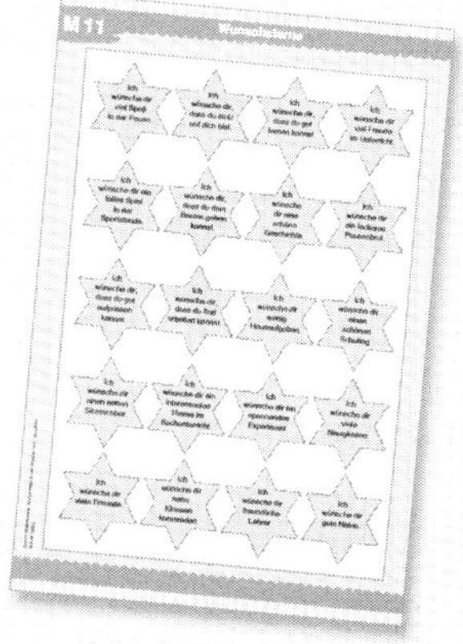

- Bildkarte *„Sitzkreis“* M5 an die Tafel hängen
- *„Wunschsterne“* M11 je nach Klassenstärke eventuell mehrfach ausdrucken, zur besseren Haltbarkeit eventuell laminieren und ausschneiden

Geht es …

Zielkompetenzen

Die Schüler …
… treten mit anderen Schülern in Kontakt.
… automatisieren wertschätzende Rede- und Satzmuster.

Los!

Beschreibung/Durchführung

Die Schüler sitzen im Kreis. Jeder Schüler sucht sich einen Stern aus, den er einem bestimmten Mitschüler übergibt. Es empfiehlt sich, vorab eine Einteilung zu treffen, damit jeder Schüler einen Wunsch bekommt, zum Beispiel nach Banknachbarn oder Sitzkreisnachbarn.

Abreißkomplimente

Gleich …

Material/Vorbereitung

- Bildkarte *„Sitzkreis“* M5 an die Tafel hängen
- *„Abreißkomplimente“* M12 je nach Klassenstärke eventuell mehrfach ausdrucken und an den gestrichelten Linien einschneiden

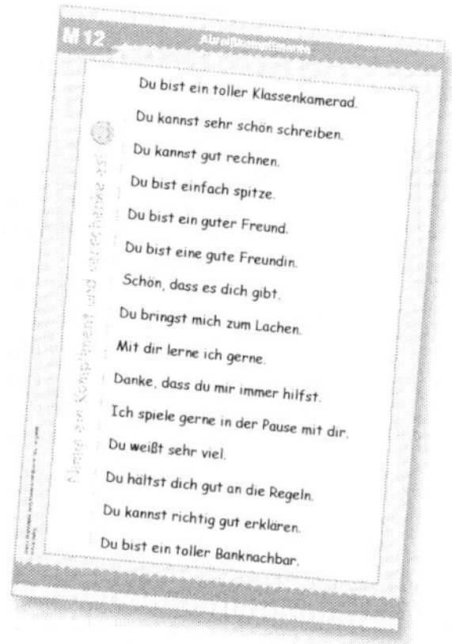
M 12

Du bist ein toller Klassenkamerad.
Du kannst sehr schön schreiben.
Du kannst gut rechnen.
Du bist einfach spitze.
Du bist ein guter Freund.
Du bist eine gute Freundin.
Schön, dass es dich gibt.
Du bringst mich zum Lachen.
Mit dir lerne ich gerne.
Danke, dass du mir immer hilfst.
Ich spiele gerne in der Pause mit dir.
Du weißt sehr viel.
Du hältst dich gut an die Regeln.
Du kannst richtig gut erklären.
Du bist ein toller Banknachbar.

Geht es …

Zielkompetenzen

Die Schüler …
… erfahren gegenseitige Wertschätzung.
… lernen wertschätzende Redemuster kennen und automatisieren diese.

Los!

Beschreibung/Durchführung

Die Schüler sitzen im Kreis. Zur Verfügung stehen Komplimente, die die Schüler abreißen und verteilen können. Nach einigen Durchführungsrunden kennen die Schüler die einzelnen Komplimente und können gezielter auswählen.

Begrüßungslied

Gleich …

Material/Vorbereitung

- Bildkarte *„Stehkreis“* M4 an die Tafel hängen
- *„Begrüßungslied“* M13 ausdrucken

Geht es …

Zielkompetenzen

Die Schüler …
… steigern ihre Alltagskompetenz.
… erleben die Gemeinschaft.
… automatisieren wertschätzende Körpersprache durch die Musik.

Los!

Beschreibung/Durchführung

Die Schüler stehen im Kreis. Gemeinsam singen sie ein Begrüßungslied. Es steht ein traditionelles Begrüßungslied zur Verfügung. Es eignet sich aber auch jedes andere im Repertoire des Lehrers vorhandene Begrüßungslied. Begleiten Sie, wenn möglich, das Lied mit einem Instrument oder nutzen Sie Medien zur Begleitung. Das Lied wird mit Bewegungen unterstützt. Das motiviert die Schüler besonders.

Dauerkalender

Gleich …

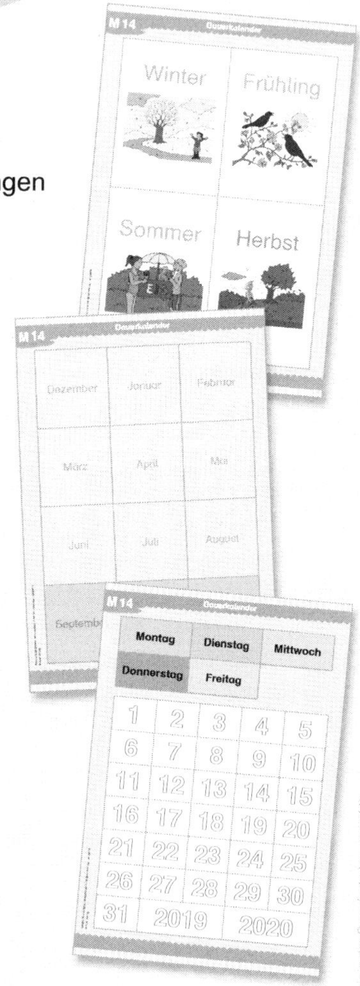

Material/Vorbereitung

- Bildkarte *„Sitzkreis“* M5 an die Tafel hängen
- *„Dauerkalender“* M14 ausdrucken, zur besseren Haltbarkeit eventuell laminieren und ausschneiden, bei Bedarf mit Magnetstreifen bekleben
- Korkplatte als Alternative zur Tafel zur Befestigung der Kalenderkarten besorgen

Geht es …

Zielkompetenzen

Die Schüler …
… steigern ihre Alltagskompetenz.
… erweitern ihr Allgemeinwissen.
… erhalten innere Struktur durch wiederkehrende Abläufe.

Los!

Beschreibung/Durchführung

Die Schüler sitzen im Kreis. Das Datum wird nach Tag, Monat, Jahr und Jahreszeit geordnet und im Klassenzimmer täglich visualisiert. Die Karten können mit Magneten an die Tafel gehängt werden. Oder Sie entscheiden sich für ein Datumsbrett. Dazu eignet sich eine Korkplatte, an die täglich die entsprechenden Karten gepinnt werden.

Wettersteine/ Wetterspruch

Gleich …

Material/Vorbereitung

- Bildkarte *„Sitzkreis"* M 5 an die Tafel hängen
- flache Steine zum Bekleben mitbringen
- *„Wettersymbole"* M 15 ausdrucken, ausschneiden und auf die Steine kleben
- *„Wetterspruch"* M 16 ausdrucken

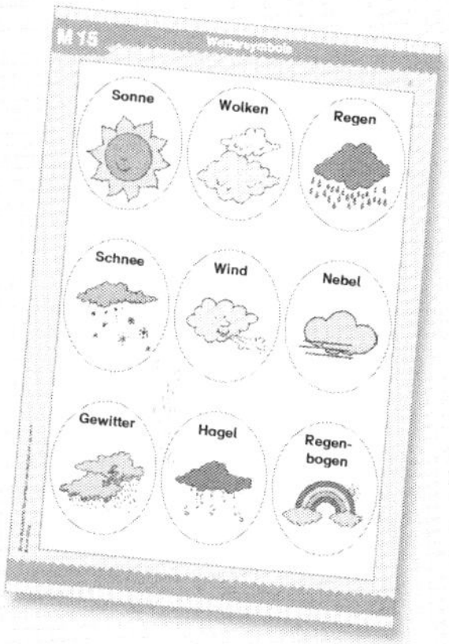

Geht es …

Zielkompetenzen

Die Schüler …
… erweitern ihre Alltagskompetenz.
… steigern ihr Allgemeinwissen.
… erfahren Sicherheit durch wiederkehrende Rituale.
… erweitern ihren Wortschatz.

Los!

Beschreibung/Durchführung

Die Schüler sitzen im Kreis. Bestimmen Sie einen Schüler, der den passenden Wetterstein für den jeweiligen Tag aussucht. Dazu wird der Wetterspruch aufgesagt: „Guten Morgen, das Wetter ist … Es wird ein (Frühlings-/Sommer-/Herbst-/Winter-) Tag heute, da freuen sich alle Leute." Der Spruch kann von einem Kind oder von der ganzen Klasse gesprochen werden.

Tagesplan

Gleich …

Material/Vorbereitung

- Bildkarte *„Sitzkreis“* M 5 an die Tafel hängen
- *„Tagesplan“* M 17 ausdrucken, zur besseren Haltbarkeit eventuell laminieren und ausschneiden

Geht es …

Zielkompetenzen

Die Schüler …
… erhalten einen Überblick über den Tagesverlauf.
… erfahren Sicherheit durch wiederkehrende Rituale.
… erweitern ihren Wortschatz.

Los!

Beschreibung/Durchführung

Die Schüler sitzen im Kreis. Je nach Klassenstufe besprechen Sie oder erklärt ein Schüler den Tagesplan. Sie können zu den einzelnen Fächern kurz angeben, was heute gelernt wird. Wichtig ist es, auch die Pause als Ankerpunkt für die Schüler anzugeben. Außerdem sollten Sie die Beschreibung der Fächer den Klassenstufen anpassen. „Deutsch“ ist in der 1./2. Klasse beispielsweise differenzierter als „Lesen“ oder „Schreiben“ anzugeben. Die Vorlagen können entsprechend angepasst werden.

Geburtstagswürfel/ Geburtstagslose

Gleich …

Material/Vorbereitung

- Bildkarte *„Sitzkreis“* M5 an die Tafel hängen
- Holzspateln zum Bekleben besorgen
- *„Geburtstagswürfel“* M18 auf festem Papier ausdrucken, falten und zusammenkleben
- *„Geburtstagslose“* M19 ausdrucken, ausschneiden und auf Holzspateln kleben

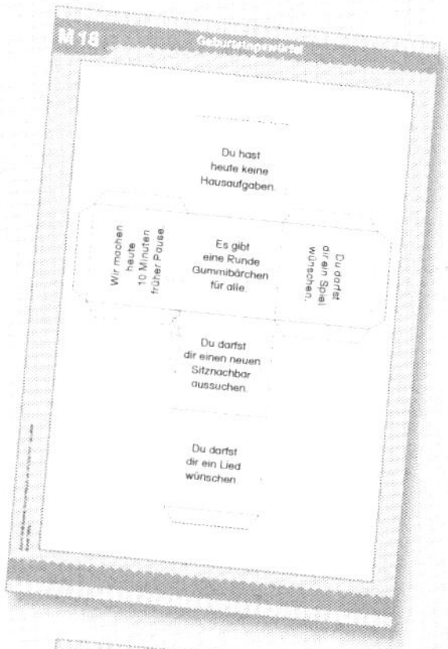

Geht es …

Zielkompetenzen

Die Schüler …
… erfahren individuelle Wertschätzung.
… erleben Schule als Lern- und Lebensraum.

Los!

Beschreibung/Durchführung

In einer Gemeinschaft ist es wichtig, dass gemeinsame Erlebnisse gefeiert werden. Für jeden Schüler ist der Geburtstag ein besonderes Ereignis. Sie sollten sich ein immer wiederkehrendes Ritual überlegen (z. B. gemeinsam ein Lied singen). Anschließend darf das Geburtstagskind mit dem Geburtstagswürfel würfeln oder sich ein Geburtstagslos ziehen. Im Vordergrund stehen nichtmaterielle Geschenke, die jedoch gleiche Freude schenken und den respektvollen Umgang miteinander fördern.

Krankenpost

Gleich ...

Material/Vorbereitung

- Bildkarte *„Sitzkreis“* M5 an die Tafel hängen
- Eckspannmappen besorgen
- *„Krankenpost“* M20 ausdrucken und auf die Mappen kleben, beziehungsweise Vorlagen zur Beschriftung in die Mappen legen

Geht es ...

Zielkompetenzen

Die Schüler ...

... erweitern ihre Alltagskompetenz durch wiederkehrende strukturelle Abläufe.

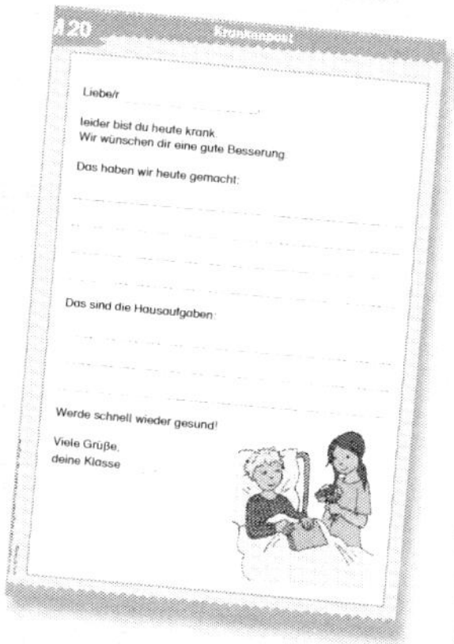

Los!

Beschreibung/Durchführung

Ein Schüler ist krank und braucht die verpassten Inhalte und Materialien. Wer ist zuständig? Entlasten Sie sich als Lehrer und beauftragen Sie ein Kind, z. B. den Sitznachbarn. Die Schüler sitzen dazu im Kreis. In der Krankenpost werden alle Materialien gesammelt und auf der Vorlage kann je nach Klassenstufe notiert werden, was zu tun ist.

Tages- oder Wochenziele

Gleich ...

Material/Vorbereitung

- Bildkarte *„Sitzkreis“* M5 an die Tafel hängen
- *„Tages- oder Wochenziele“* M21 individuell anpassen, ausdrucken und ausschneiden

Geht es ...

Zielkompetenzen

Die Schüler …
… erweitern ihre soziale Kompetenz, indem sie ihr Verhalten reflektieren.
… erleben politische Bildung durch Mitbestimmung.
… erweitern ihre Alltagskompetenz.

Los!

Beschreibung/Durchführung

In der Klassengemeinschaft gibt es jede Menge Regeln. Dabei ist es wichtig, immer wieder ein Ziel in den Fokus zu stellen. Das können inhaltliche Ziele, soziale Ziele oder Ziele aus den Bereichen Umwelt, Gesundheit und Ernährung sein. Schrittweise sollten die Schüler am Festlegen der Ziele beteiligt werden. Die Schüler sitzen dazu im Kreis. Die zentrale Frage ist „Was ist uns heute/in dieser Woche wichtig?“. Denken Sie daran, festgelegte Ziele später (z. B. im Abschlusskreis) zu reflektieren.

Erzählkarten

Gleich …

Material/Vorbereitung

- Bildkarte *„Sitzkreis“* M 5 an die Tafel hängen
- Redegegenstand bereithalten
- *„Satzanfänge“* M 22 und *„Fragen“* M 23 ausdrucken, zur besseren Haltbarkeit laminieren und ausschneiden

M 22 Satzanfänge

Zusammen mit …	Bei uns im Urlaub …	Das Allerbeste in den Ferien war …	Am Wochenende war ich …
Die Ferien waren super, weil …	Das beste Erlebnis war …	Mit meinen Freunden habe ich …	An einem Tag war das Wetter so …
Richtig toll fand ich …	Besucht habe ich …	Nicht so toll war …	Richtig aufregend war …
Richtig lustig war …	Ich habe viel gelacht, weil …	Voll cool war …	Ich erinnere mich an …
Einmal durfte ich …	Besonders spannend war	Großes Pech hatte ich bei …	An einem Tag fuhren wir …
Unseren Urlaub verbrachten wir …	An einem Tag war ich …	Mit dem Auto fuhren wir …	Schrecklich fand ich …
Die Ferien waren zu kurz …	Ich freue mich auf die Schule, weil …	Aus unserem Urlaub habe ich …	Ich habe nicht einmal …
Geärgert habe ich mich, weil …	Das Wochenende war schön, weil …	Seltsam war …	

Geht es …

Zielkompetenzen

Die Schüler …
… erweitern ihren Wortschatz.
… automatisieren geläufige Satz- und Redemuster.

M 23 Fragen

Wer war im Urlaub?	Wer ist geflogen?	Wer hat Verwandte besucht?	Wer war in den Bergen?
Wer hat ein Eis gegessen?	Wer hat gegrillt?	Wer war im Freibad?	Wer hat mit Freunden gespielt?
Wer hat einen Spaziergang gemacht?	Wer ist Fahrrad gefahren?	Wer war am See?	Wer hat draußen gespielt?
Wer war beim Schlittenfahren?	Wer war im Kino?	Wer hat im Schnee gespielt?	Wer hat mit seinem Hamster gespielt?
Wer hat ein Buch gelesen?	Wer hat im Meer gebadet?	Wer hat etwas gebastelt?	Wer war auf einem Fest?
Wer war auf einem Pferdehof?	Wer hat etwas Neues gelernt?	Wer hat für die Schule geübt?	Wer hat etwas besichtigt?
Wer war in einem anderen Land?	Wer war Zelten?	Wer hat Sport gemacht?	Wer war beim Einkaufen?

Los!

Beschreibung/Durchführung

Manchmal fällt es den Kindern beim Erzählen schwer, sich auf das Wesentliche zu beschränken. Durch Erzählkarten können Sie den Erzählkreis strukturieren.

Variante 1 Die Kinder wählen einen Satzanfang aus und ergänzen diesen.

Variante 2 Sie lesen die Fragen vor. Trifft die Frage zu, so meldet sich das Kind. Alle können sich so beteiligen.

Wichtig ist, dass Sie die Karten passend nach Erzählanlass (Ferien, Wochenende) aussuchen.

Erzählsteine

Gleich …

Material/Vorbereitung

- Bildkarte *„Sitzkreis“* M 5 an die Tafel hängen
- Redegegenstand bereithalten
- *„Erzählbilder“* M 24 ausdrucken und ausschneiden
- flache Steine besorgen und mit den Erzählbildern bekleben oder eigene Bilder oder Sticker (aus der Lebenswelt der Schüler) verwenden
- beklebte Steine in ein Aufbewahrungssäckchen geben

Geht es …

Zielkompetenzen

Die Schüler …
… erweitern Wortschatz und Erzählkompetenz.
… automatisieren geläufige Satz- und Redemuster.
… werden im Zuhören geschult.

Los!

Beschreibung/Durchführung

Die Schüler sitzen im Kreis. Jedes Kind zieht einen Stein aus dem Säckchen und erzählt zum Bild. Anfangs sollte das Erzählen noch relativ frei sein. Leistungsstärkere Schüler erfinden sehr schnell eine kleine Geschichte. Leistungsschwächere Schüler können das Bild beschreiben. Wenn die Schüler mit den Steinen vertrauter sind, kann eine Reihum-Geschichte erzählt werden. Dabei muss sich der Erzähler immer auf den Vorredner beziehen und sein Bild in die Geschichte einbauen.

Postkarte

Gleich ...

Material/Vorbereitung

- Bildkarte *„Sitzkreis“* M 5 an die Tafel hängen
- Redegegenstand bereithalten
- *„Postkarte“* M 25 im Klassensatz ausdrucken, ausschneiden und Vorder- und Rückseiten zusammenkleben

Geht es ...

Zielkompetenzen

Die Schüler ...
... lernen themenzogen zu erzählen.
... nutzen Bilder und Schlagwörter als Erzählhilfe.

Los!

Beschreibung/Durchführung

Die Schüler gestalten vorab eine Postkarte zu den letzten Ferien. Sie bemalen die Vorderseite. Je nach Leistungsniveau beziehungsweise Altersstufe kann die Karte auch mit Schlagwörtern beschriftet werden. Im Sitzkreis erzählen die Schüler von den letzten Ferien und verwenden die Postkarte als Erzählhilfe. Eine Postkarte kann auch nach dem Wochenende gestaltet und zum Erzählen im Morgenkreis verwendet werden.

Blitzlicht

Gleich …

Material/Vorbereitung

- Bildkarte *„Sitzkreis“* M 5 an die Tafel hängen
- Redegegenstand bereithalten
- *„Blitzlicht“* M 26 im Klassensatz ausdrucken, ausschneiden und Vorder- und Rückseiten zusammenkleben

Geht es …

Zielkompetenzen

Die Schüler …
… lernen mithilfe von Erzählhilfen themenbezogen zu erzählen.
… erlernen Perspektivenübernahme.

Los!

Beschreibung/Durchführung

Die Schüler beschriften die Vorlage mit Schlagwörtern zum Erlebten am Wochenende oder in den Ferien. Das Blitzlicht wird als Erzählhilfe im Sitzkreis verwendet. Besonders gut ist hierfür die „ICH-DU-WIR-Methode“ geeignet: Zuerst beschriftet jeder sein Blitzlicht alleine. Dann erzählt man einem Partner davon. Schließlich werden die Blitzlichter getauscht und jeweils der Partner berichtet, was der andere Schüler erlebt hat. Ein abschließendes Statement, wie „Ich glaube, Ninas Ferien waren sehr erholsam“, schult die Perspektivenübernahme.

Kreativer Anfang

Gleich ...

Material/Vorbereitung

- Bildkarte *„Sitzkreis“* M 5 an die Tafel hängen
- *„Kreativer Anfang“* M 27 im halben Klassensatz ausdrucken und eventuell vergrößern

Geht es ...

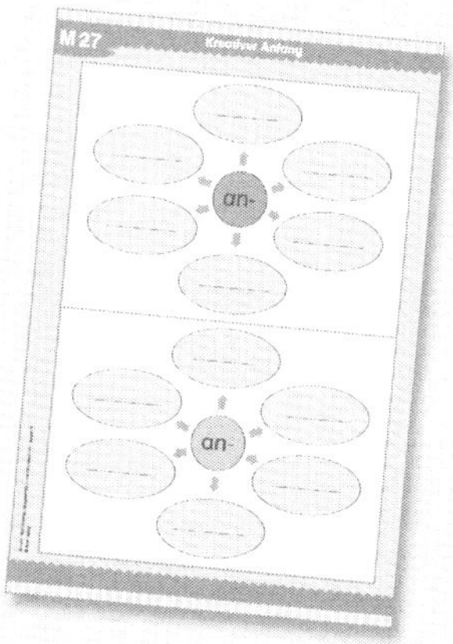

Zielkompetenzen

Die Schüler …
… steigern ihre soziale Kompetenz.
… erweitern ihren Wortschatz.
… spielen mit Sprache.

Los!

Beschreibung/Durchführung

Die Schüler bekommen im Team eine Vorlage und ergänzen passende Verben. Es entsteht eine Sammlung zur Vielfalt des Anfangs. In einer Schlagwortrunde im Sitzkreis nennt immer ein Team ein Beispiel.

STÄRKENBILD

GLEICH …

Material/Vorbereitung

- Bildkarte *„Sitzkreis"* M 5 an die Tafel hängen
- Redegegenstand bereithalten
- *„Stärkenbild"* M 28 im Klassensatz ausdrucken und Satzanfänge ergänzen lassen

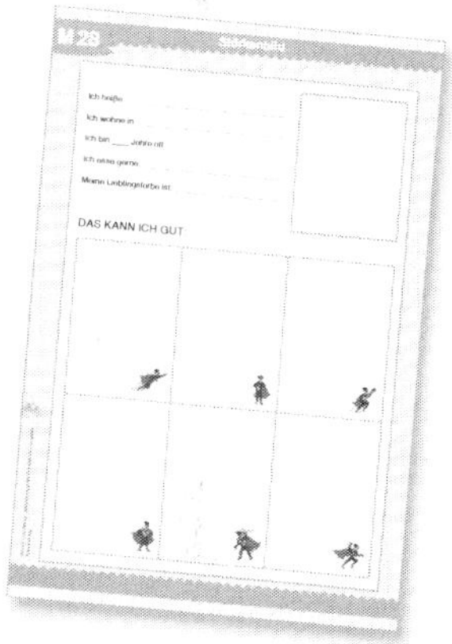

GEHT ES …

Zielkompetenzen

Die Schüler …
… denken über eigene Stärken nach und erhalten dadurch ein positives Selbstbild.

LOS!

Beschreibung/Durchführung

Die Vorlage sollte vorab von den Schülern ergänzt werden. Sie können ein Selbstporträt zeichnen oder ein Foto aufkleben. Jeder Schüler ergänzt die Satzanfänge und malt oder schreibt die eigenen Stärken mit Schlagwörtern auf. Anschließend dürfen sich die Schüler im Sitzkreis vorstellen. Das Stärkenbild ist besonders zum gegenseitigen Kennenlernen geeignet und kann sehr gut zu Beginn des Schuljahres eingesetzt werden. Sie können die Vorstellungsrunde auch begrenzen. Die Schüler nennen nur ihren Namen und stellen zwei Stärken vor.

Was würdest du tun?

Gleich …

Material/Vorbereitung

- Bildkarte *„Sitzkreis"* M 5 an die Tafel hängen
- *„Situationskarten"* M 29 ausdrucken, laminieren und ausschneiden

Geht es …

Zielkompetenzen

Die Schüler …
… lernen Situationen des sozialen Miteinanders einzuschätzen.
… vertiefen die Möglichkeiten der friedlichen Konfliktlösung.
… werden in ihrer Empathiefähigkeit gestärkt.

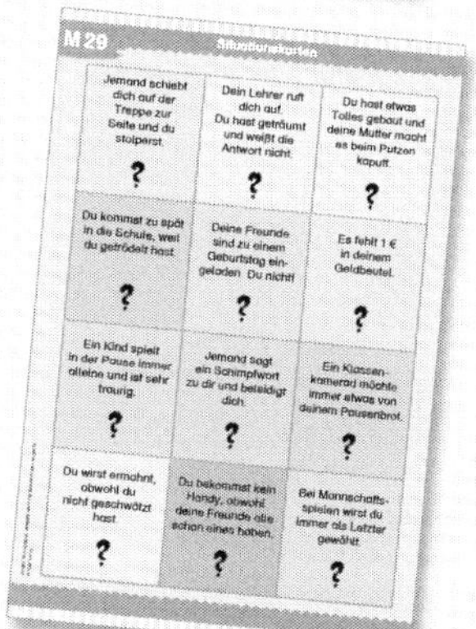

Los!

Beschreibung/Durchführung

Die Situationskarten schildern soziale Situationen in der Lebenswelt der Schüler. Die Kinder sitzen im Kreis. Die Situation wird vorgelesen und die Klasse überlegt:

Wie würdest du reagieren?
Wie würdest du dich fühlen?
Was könntest du tun?

Je nach zeitlichem Rahmen sollten Sie die Anzahl der Karten bestimmen.

Klassenkonferenz

Gleich …

Material/Vorbereitung

- Bildkarte *„Stuhlkreis“* M 6 an die Tafel hängen
- *„Klassenkonferenz“* M 30 im Klassensatz ausdrucken

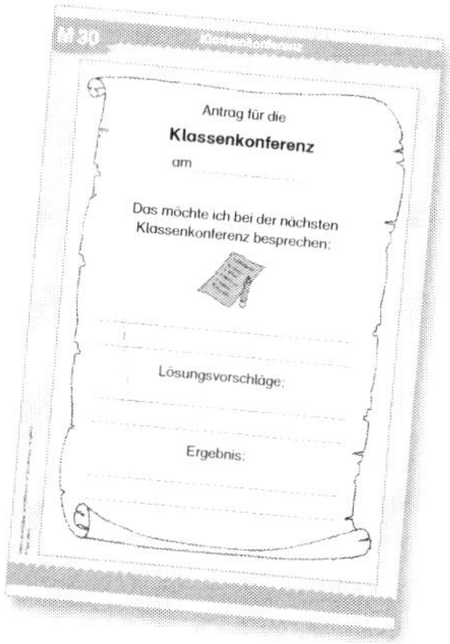
M 30

Antrag für die
Klassenkonferenz
am

Das möchte ich bei der nächsten Klassenkonferenz besprechen:

Lösungsvorschläge:

Ergebnis:

Geht es …

Zielkompetenzen

Die Schüler …
… sprechen über konkrete Situationen in der Klasse.
… erweitern die Möglichkeiten der friedlichen Konfliktlösung.
… suchen Lösungsmöglichkeiten.
… schulen ihre Kompromissfähigkeit.

Los!

Grenzen
Im Morgenkreis können nur kleine Anliegen besprochen werden. Größere Probleme und Schwierigkeiten sollten in einer eigenen Klassenkonferenzstunde thematisiert werden.

Beschreibung/Durchführung

Streit und Konflikte sind in einer Gemeinschaft nicht zu verhindern. Es gibt verschiedene Interessen, die zu verschiedenen Ansichten und Meinungen führen. Es ist wichtig, dass die Schüler lernen, eigene Anliegen und Probleme friedlich zu klären. Die Klassenkonferenz stellt eine Möglichkeit dazu dar. Sie kann in der Themenrunde des Morgenkreises ihren Platz finden. Die Schüler füllen den Antrag *„Klassenkonferenz“* M 30 aus, die Klasse sammelt im Stuhlkreis Lösungsvorschläge und durch Abstimmung müssen sich die Schüler auf einen Vorschlag einigen.

Fingerstempeln

Gleich ...

Material/Vorbereitung

- Bildkarte *„Sitzkreis"* M 5 an die Tafel hängen
- Stempelfarben, weiße Plakate (DIN A2) und schwarze Fineliner besorgen

Geht es ...

Zielkompetenzen

Die Schüler ...
... stellen sich selbst dar.
... zeigen Freude an der kreativen Arbeit.

Los!

Beschreibung/Durchführung

Die Kinder sitzen im Kreis. Jeder Schüler stempelt reihum einen Fingerabdruck auf das Plakat und gestaltet diesen als persönliches Porträt. Der Name darf selbstverständlich unter dem Kunstwerk nicht fehlen. Es entsteht ein Klassenbild, das zum Beispiel an der Tür aufgehängt werden kann.

Spiele, Bücher & Co.

Gleich …

Material/Vorbereitung

- Bildkarte *„Sitzkreis“* M5 an die Tafel hängen
- *„Antragszettel“* M31 im Klassensatz ausdrucken

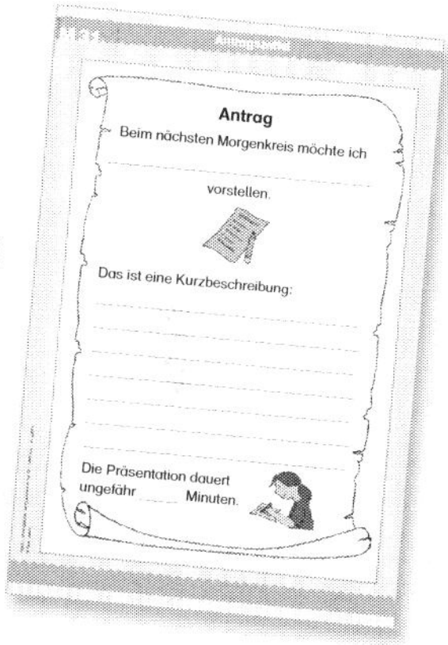
M31

Antrag

Beim nächsten Morgenkreis möchte ich

vorstellen.

Das ist eine Kurzbeschreibung:

Die Präsentation dauert ungefähr ___ Minuten.

Geht es …

Zielkompetenzen

Die Schüler …
… haben Freude am gemeinsamen Lernen und Spielen.
… erweitern ihre soziale Kompetenz.
… trainieren die Präsentation von Informationen vor der Klasse.
… erfahren Mitbestimmungs- und Gestaltungsmöglichkeiten.

Los!

Beschreibung/Durchführung

Die Schüler bringen gerne Materialien wie Bücher mit oder haben Spielideen. Im „regulären“ Unterricht ist dafür oft keine Zeit. Der Morgenkreis kann dafür genutzt werden. Dazu füllen die Schüler den *„Antragszettel“* M31 aus, damit Sie inhaltlich und zeitlich planen können. Im Sitzkreis kann daraufhin eine Spielidee ausprobiert werden, aber auch ein gelesenes Buch kurz präsentiert werden. Gerne bringen die Schüler auch Materialien zum aktuellen Thema im Sachunterricht mit.

Spinnennetz

Gleich ...

Material/Vorbereitung

- Bildkarte *„Sitzkreis"* M5 an die Tafel hängen
- Wollknäuel besorgen

Geht es ...

Zielkompetenzen

Die Schüler ...
... steigern ihre soziale Kompetenz in der Interaktion.
... erleben die Gemeinschaft als Stütze für sich selbst.

Los!

Beschreibung/Durchführung

Die Schüler sitzen im Kreis und werfen sich ein Wollknäuel gegenseitig zu. Dabei ist es wichtig, dass jeder Schüler die Wolle festhält, bevor er das Knäuel weitergibt. Es entsteht ein Netz, das die Klassengemeinschaft darstellt und klar ausdrückt, dass jeder einzelne wichtig ist. Sobald ein Kind die Wolle loslässt, bricht das Netz zusammen. Alle müssen zusammenhelfen und zusammenhalten.

Emoticons

Gleich …

Material/Vorbereitung

- Bildkarte *„Sitzkreis“* M5 an die Tafel hängen
- *„Emoticons und Wortkärtchen“* M34 ausdrucken, zur besseren Haltbarkeit eventuell laminieren und ausschneiden

Geht es …

Zielkompetenzen

Die Schüler …

… ordnen Gefühle entsprechender Mimik und Gestik zu.

… trainieren ihre Empathiefähigkeit.

… stellen die unterschiedlichen Gefühle selbst mit Körpersprache dar.

begeistert	beleidigt	empört
entsetzt	entspannt	erfreut
erheitert	erschöpft	erschrocken
fröhlich	glücklich	traurig
überrascht	verärgert	verliebt
verzaubert	verzweifelt	wütend

Los!

Beschreibung/Durchführung

Teilen Sie an die Hälfte der Klasse die Emoticons aus und an die andere Hälfte die dazugehörigen Wortkarten. Die Schüler suchen nun jeweils ihren Partner und setzen sich gemeinsam in den Kreis. Jedes Team stellt sein Gefühl durch Körpersprache dar. Die restliche Klasse darf raten.

Röntgen

Gleich ...

Material/Vorbereitung

- Bildkarte *„Sitzkreis“* M 5 an die Tafel hängen
- *„Röntgen“* M 35 im Klassensatz ausdrucken

Geht es ...

Zielkompetenzen

Die Schüler ...
... überlegen, was sie im Moment beschäftigt.
... versuchen ihre Gefühle aufzuschreiben.

Los!

Beschreibung/Durchführung

Jeder Schüler erhält eine Herzvorlage. Erklären Sie, dass heute nicht der Körper geröntgt wird. Das kennen viele Schüler von eigenen Arztbesuchen. Die Schüler sollen sich vorstellen, ihr Herz wird geröntgt. Was sieht man auf dem „Röntgenbild“? Leiten Sie die Schüler an, Schlagwörter zu notieren oder kleine Bilder zu zeichnen. Wer möchte, darf sein Bild der Klasse im Sitzkreis zeigen und erklären. Achten Sie auf eine freiwillige Präsentation.

Warme Dusche

Gleich …

Material/Vorbereitung

- Bildkarte *„Stehkreis"* M 4 an die Tafel hängen
- Redegegenstand bereithalten
- *„Warme Dusche"* M 36 ausdrucken, zur besseren Haltbarkeit eventuell laminieren und Einzelteile ausschneiden

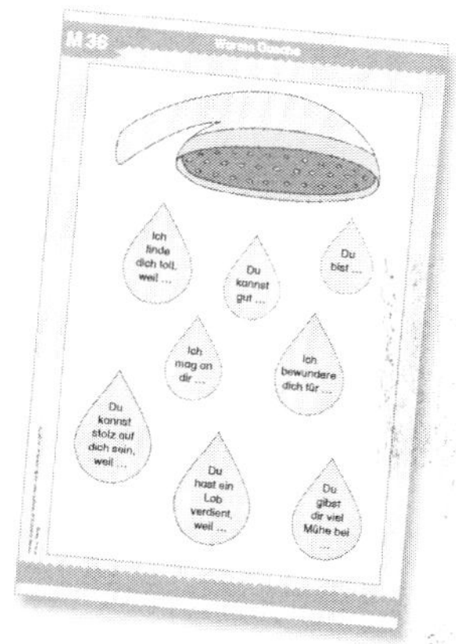

Geht es …

Zielkompetenzen

Die Schüler …
… erfahren gegenseitige Wertschätzung.
… trainieren und automatisieren freundliche Redemuster und Formulierungen.

Los!

Beschreibung/Durchführung

Die Kinder stehen im Kreis. Legen Sie die Vorlage des Duschkopfs und die Wassertropfen mit den Satzanfängen in die Mitte. Ein Schüler wird von Ihnen oder von der Klasse ausgewählt und darf sich in die Mitte stellen. Er bekommt eine warme, verbale Dusche. Dazu formuliert jeder Schüler reihum einen positiven Satz über das Kind in der Mitte.

Gefühle-Sonne

Gleich …

Material/Vorbereitung

- Bildkarte *„Sitzkreis“* M 5 an die Tafel hängen
- *„Gefühle-Sonne“* M 37 ausdrucken, zur besseren Haltbarkeit eventuell laminieren, ausschneiden und zusammenkleben
- pro Schüler einen Muggelstein besorgen

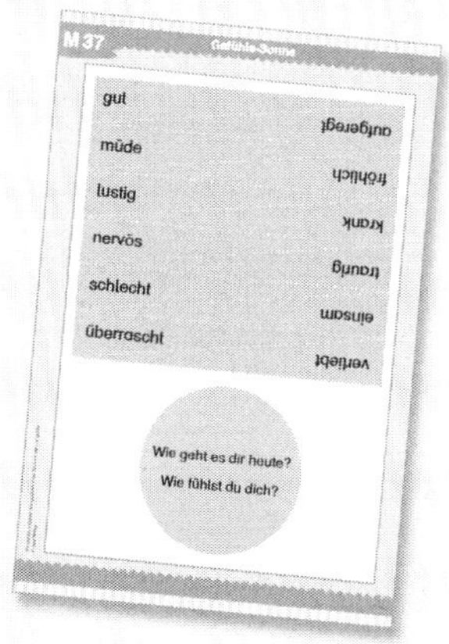

Geht es …

Zielkompetenzen

Die Schüler schätzen ihre eigene Befindlichkeit selbst ein.

Los!

Beschreibung/Durchführung

Die Schüler sitzen im Kreis. Legen Sie die Gefühle-Sonne in die Mitte des Kreises. Die Schüler sollen nun nacheinander einen Stein auf das für sie passende Adjektiv legen. Wer möchte, kann eine Begründung anfügen. Das sollte jedoch freiwillig sein und nicht eingefordert werden.

Das kleine ICH

Gleich ...

Material/Vorbereitung

- Bildkarte *„Sitzkreis“* M 5 an die Tafel hängen
- Redegegenstand bereithalten
- *„Das kleine Ich“* M 38 ausdrucken, zur besseren Haltbarkeit eventuell laminieren und ausschneiden

Geht es ...

Zielkompetenzen

Die Schüler ...
... beschreiben eigene Gefühle mit Unterstützung von Bildern.
... berichten von besonderen Ereignissen.
... hören aufmerksam zu.

Los!

Beschreibung/Durchführung

Die Schüler sitzen im Kreis. Legen Sie die Bildkarten des kleinen ICHs in die Mitte. Zuerst ordnen die Kinder die Satzanfänge passend zu. Dann überlegen sie, wie es ihnen heute geht. Der Redegegenstand wandert reihum und jeder Schüler darf einen Satz formulieren.

Farbgesichter

Gleich ...

Material/Vorbereitung

- Bildkarte *„Sitzkreis“* M 5 an die Tafel hängen
- *„Farbgesichter“* M 39 ausdrucken, zur besseren Haltbarkeit eventuell laminieren und ausschneiden

Geht es ...

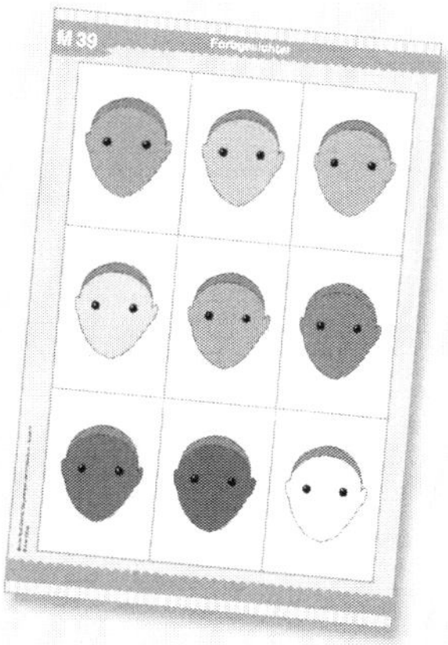

Zielkompetenzen

Die Schüler ...
... assoziieren Gefühlszustände mit Farben.
... verbalisieren eigene Gefühle.

Los!

Beschreibung/Durchführung

Die Kinder sitzen im Kreis. Legen Sie die Farbkärtchen in die Mitte. Die Schüler überlegen, welche Farbe sie heute am besten beschreibt. Nacheinander formuliert jeder einen Satz, zum Beispiel „Ich fühle mich rot, weil ...“.
Die Auswertung kann ebenfalls gemeinsam erfolgen. Auf die Frage „Wer fühlt sich rot?“, heben alle „betroffenen“ Kinder die Hand. Es darf eine Begründung genannt werden. Die Assoziationen mit Farben sind bestimmt unterschiedlich. Rot wird zum Beispiel sowohl mit Freude als auch mit Wut verbunden.

Probleme im Morgenkreis

Zeitmanagement

Es kann schnell passieren, dass der Morgenkreis einmal zu lange dauert oder abgebrochen werden muss, obwohl noch Punkte offen sind. Planen Sie deshalb genau. Der Morgenkreis kann zum Beispiel am Montag etwas länger durchgeführt werden. Gerade die Themenrunde können Sie individuell gestalten. An den anderen Tagen gibt es dann nur eine Begrüßungsrunde und eine Organisationsrunde. Sie sind in der Ausgestaltung vollkommen flexibel.

Rederecht und Redepflicht

Grundsätzlich sollte im Morgenkreis jedes Kind zu Wort kommen. Nur wer an der Reihe ist, darf sprechen. Ein Redeball, Redestab oder ähnliches kann dazu verwendet werden. Nur wer den Redegegenstand in der Hand hält, darf sprechen. Manche Schüler sind fast nicht zu bremsen und würden gerade in offenen Übungen sehr ausführlich berichten. Sie sollten deshalb ein Signal festlegen, bei dem der Redegenstand weitergegeben wird. Gut geeignet ist ein akustisches Signal mit der Klangschale oder mit einer Glocke.

Sie werden bestimmt auch Schüler in der Klasse vorfinden, die nicht sprechen möchten. Grundsätzlich sollte der Morgenkreis immer freiwillig sein. Das heißt die Teilnahme ist Pflicht, die Aktivität bestimmt jeder Schüler selbst. Möchte ein Kind zum Beispiel beim Thema Gefühle nichts berichten, so darf es den Redegenstand weitergeben.

Umgang mit Störungen

Der Morgenkreis lebt von der sozialen Interaktion. Störungen sind vorprogrammiert. Wichtig ist, dass Sie im Vorfeld bereits einige Punkte beachten. Die Schüler sollten ausreichend Platz zur Verfügung haben. Bänke können eventuell zur Seite geschoben werden, damit die Schüler nicht eingeengt sitzen. Jedes Kind sollte auf einem Sitzkissen sitzen.

Die räumliche Begrenzung sorgt für Ruhe. In sehr unruhigen Klassen ist ein Stuhlkreis oft besser als ein Sitzkreis. Außerdem sollten Sie gegebenenfalls die Sitzordnung festlegen. Es ist nicht förderlich, wenn Schüler im Morgenkreis nebeneinandersitzen, die sich nicht gut verstehen. Treten trotzdem Störungen ein, weil Schüler sich nicht an die Regeln halten, so muss eine klare Konsequenz folgen. Eine Idee ist, dass Sie *„Achtungskärtchen“* M 40 verteilen. Stört ein Schüler den Morgenkreis, bekommt er ein Kärtchen. Hat ein Kind am Ende des Morgenkreises drei Achtungskärtchen, dann muss es einen *„Nachdenkzettel“* M 41 ausfüllen oder einen *„Nachdenktext“* M 42 abschreiben.

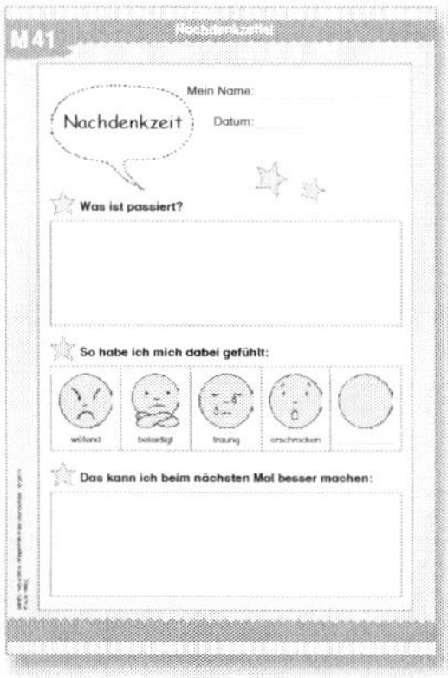

M 42

Nachdenktext

Nun sitze ich da und soll diesen dummen Text abschreiben. Dabei könnte ich in dieser Zeit doch wirklich etwas Besseres machen. Spielen zum Beispiel oder lesen oder Fahrradfahren. Aber nein! Den Text muss ich abschreiben! Und warum? Bloß weil ich eine Kleinigkeit falsch gemacht habe, was die Lehrerin genervt hat. Komisch, dass die Lehrerin nicht versteht, dass man in meinem Alter auch einmal schwätzen muss oder Unsinn treiben muss. Das gehört halt dazu. Außerdem, so böse war es doch von mir auch wieder nicht gemeint. Ärgerlich, dass die Lehrerin diesen doofen Text austeilen muss. Naja, jetzt habe ich es fast geschafft. Womöglich hatte sie sogar Recht. Wenn ich mir vorstelle, dass jeder im Unterricht schwätzt, Krach macht, Blödsinn treibt und nicht aufpasst! Hey, was wäre das für ein Durcheinander! Und lernen würden wir dann auch nichts mehr. Eigentlich war es ganz gut, dass ich abschreiben musste. Ich habe jetzt über mein Verhalten nachgedacht. Vielleicht denke ich demnächst früher an diesen Text!

Fazit

Wenn Sie diese Stolpersteine beachten, werden Sie und Ihre Schüler sehr viel Freude im und am Morgenkreis haben. Je nach Altersstufe können Sie immer mehr Aufgaben an die Schüler übertragen. Dazu eignet sich besonders die Organisationsrunde. Abwechselnd gibt es ein Datumskind oder ein Wetterkind. Aber auch Übungen aus der Themenrunde können von den Schülern angeleitet werden.

Abschlusskreis

So wie der Unterrichtstag mit einem Morgenkreis beginnt, so kann am Ende ein Abschlusskreis stattfinden. Dieser ist in der Regel kürzer und es handelt sich um eine Rückschau auf den Unterrichtstag. Es kann sowohl der Lernzuwachs, als auch das Verhalten individuell reflektiert werden. Außerdem sollte ein Abschlusskreis ein Forum sein, in dem die Schüler „noch etwas loswerden“ können. Der tägliche Abschlusskreis sollte nur ca. 5 bis 10 Minuten dauern. Ein größerer Abschlusskreis kann zum Beispiel am Ende der Woche in Form eines Klassenrats stattfinden. Die folgenden Beispiele eigenen sich für eine kurze tägliche Reflexion des Unterrichtstages.

Reflexionskarten M 43

Die Klasse sammelt sich im Stehkreis. In der Mitte liegen die Symbole mit Satzmustern. Die Schüler suchen sich nacheinander ein Symbol und formulieren den Satzanfang weiter. Es kann sowohl das Lernen, als auch das Verhalten reflektiert werden.

Smileytreppe M 44

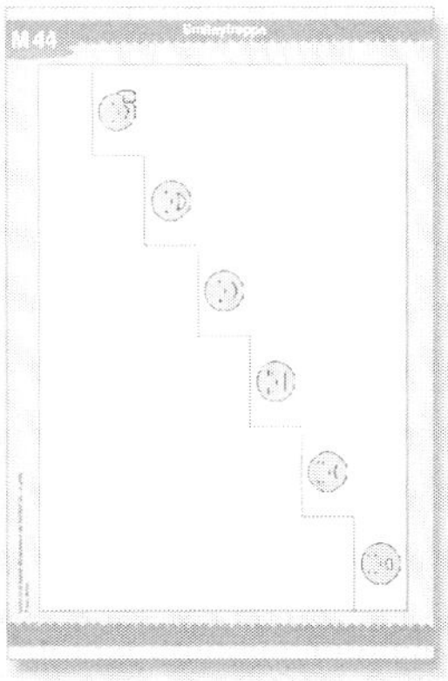

Die Klasse sammelt sich im Stehkreis. In der Mitte liegt die Smileytreppe. Legen Sie ein Verhaltensziel oder ein Lernziel, am besten aus dem Morgenkreis, fest, das reflektiert wird. Die Schüler schätzen sich selbst ein. Zur Visualisierung eignet sich ein Stein oder eine Wäscheklammer mit Namen, die immer wieder verwendet werden kann. Klappt das Ziel schon sehr gut, so kommt der Gegenstand auf die höchste Stufe. Klappt das Ziel noch nicht so gut, so kommt der Gegenstand auf eine niedrige Stufe. Die Einschätzung kann von den Schülern verbalisiert werden.

Tagesabschlussfragen M 45

Zur Verfügung stehen unterschiedliche Fragekarten, mit denen die Schüler den Unterrichtstag reflektieren. Die Schüler sollten die Karten frei wählen können. Nach einigen Durchführungsrunden kennen sie die Fragen und Gedanken und können gezielter auswählen.

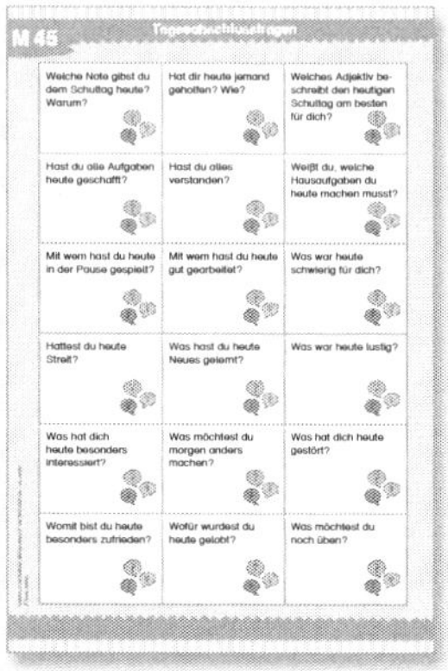

M 45

Welche Note gibst du dem Schultag heute? Warum?	Hat dir heute jemand geholfen? Wie?	Welches Adjektiv beschreibt den heutigen Schultag am besten für dich?
Hast du alle Aufgaben heute geschafft?	Hast du alles verstanden?	Weißt du, welche Hausaufgaben du heute machen musst?
Mit wem hast du heute in der Pause gespielt?	Mit wem hast du heute gut gearbeitet?	Was war heute schwierig für dich?
Hattest du heute Streit?	Was hast du heute Neues gelernt?	Was war heute lustig?
Was hat dich heute besonders interessiert?	Was möchtest du morgen anders machen?	Was hat dich heute gestört?
Womit bist du heute besonders zufrieden?	Wofür wurdest du heute gelobt?	Was möchtest du noch üben?

Das möchte ich noch loswerden ... M 46

Die Schüler können mithilfe der Bildkarten noch etwas zum Unterrichtstag „loswerden". Legen Sie dazu die Bildkarten in die Mitte. Die Schüler nehmen sich eine Karte und geben ein Statement ab.

Herz
Ich möchte Danke sagen.

Blume
Ich möchte mich entschuldigen.

Daumen hoch
Ich möchte loben.

Stoppschild
Ich möchte, dass du aufhörst.

Fragezeichen
Ich habe noch eine Frage.

Wichtig ist, dass die Sätze individuell formuliert werden.